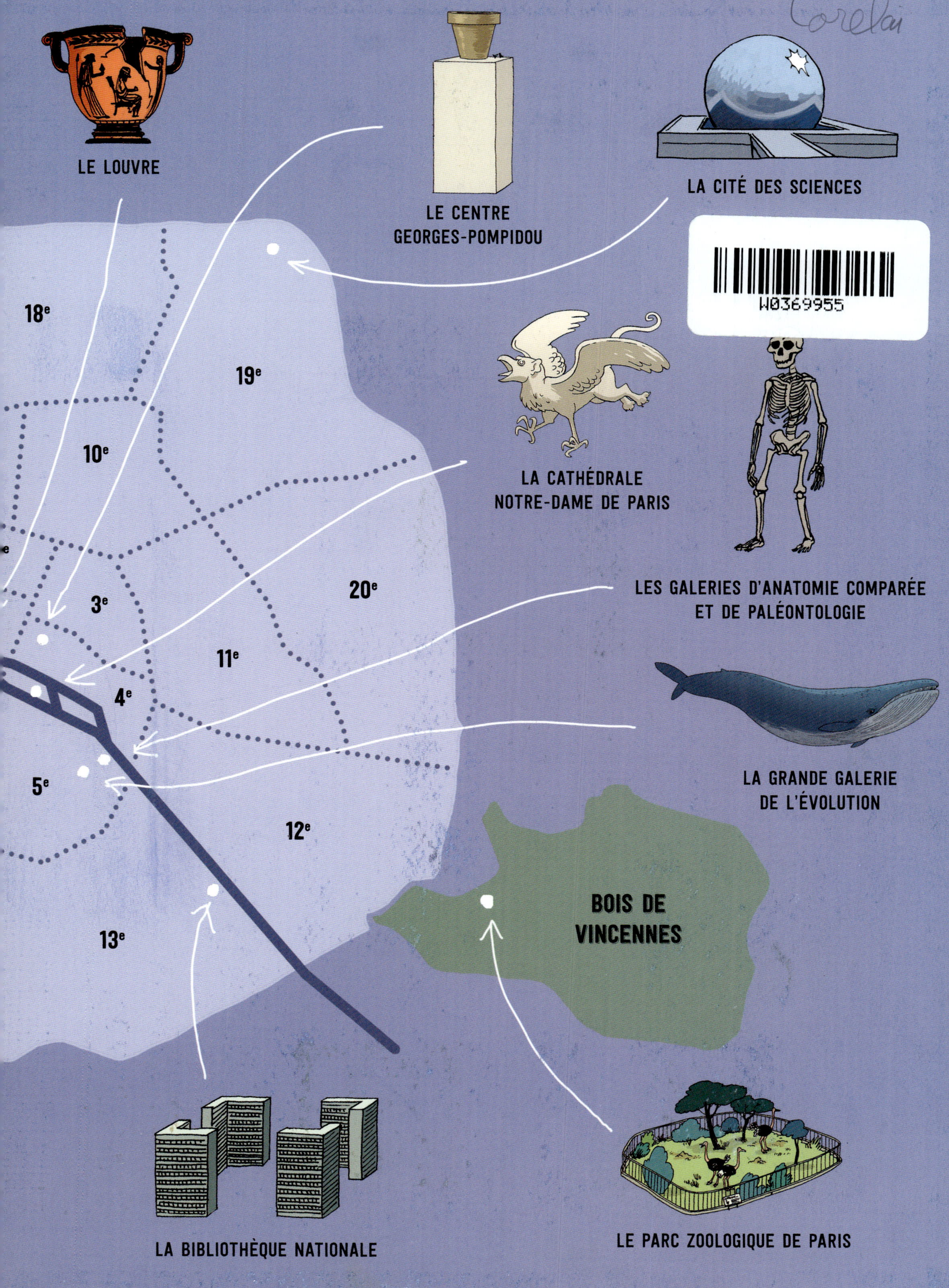
LE LOUVRE
LE CENTRE
GEORGES-POMPIDOU
LA CITÉ DES SCIENCES
18e
19e
10e
3e
4e
5e
11e
20e
12e
13e
LA CATHÉDRALE
NOTRE-DAME DE PARIS
LES GALERIES D'ANATOMIE COMPARÉE
ET DE PALÉONTOLOGIE
LA GRANDE GALERIE
DE L'ÉVOLUTION
BOIS DE
VINCENNES
LA BIBLIOTHÈQUE NATIONALE
LE PARC ZOOLOGIQUE DE PARIS

À FANTIN ET LÉO

J.B.

WWW.EDITIONS.FLAMMARION.COM

ÉDITIONS FLAMMARION – 87, QUAI PANHARD-ET-LEVASSOR – 75647 PARIS CEDEX 13
ISBN : 978-2-0813-6424-0 – N° D'ÉDITION : L.01EJDN001168.N001
DÉPÔT LÉGAL : MAI 2016
IMPRIMÉ EN CHINE PAR APS – 01/2016
LOI N° 49-956 DU 16 JUILLET 1949 SUR LES PUBLICATIONS DESTINÉES À LA JEUNESSE

JEANNE BOYER
MARTIN DESBAT

PARIS

UN LIVRE-JEU

• TOUT COMMENCE •

UN JOUR COMME UN AUTRE,
OÙ TU TE RENDS À LA BIBLIOTHÈQUE.

...

TU ENTENDS UN BRUIT INHABITUEL
QUI SEMBLE PROVENIR DE
LA SALLE DES CONTES.

...

COURAGEUSEMENT,
TU POUSSES LA PORTE,
ET LÀ...

Père Castor • Flammarion

→ LA BIBLIOTHÈQUE NATIONALE

LA SALLE DES CONTES FOURMILLE DE PERSONNAGES TOUT DROIT SORTIS DES LIVRES! LES RECONNAIS-TU?

TROUVE LES TROIS LOUPS QUI SE CACHENT DANS LA BIBLIOTHÈQUE.*

*solutions p. 46-47

“TOUTE LA VILLE EST ENSORCELÉE, TE DIT LE PETIT CHAPERON ROUGE. NOUS AVONS BESOIN DE TON AIDE. SUIS LES INDICES QUI TE MÈNERONT JUSQU'À LA SORCIÈRE ET EMPÊCHE-LA DE CONTINUER!”

EN GUISE D'INDICES, DEUX LIVRES SE DRESSENT SUR TON CHEMIN : *LES GARGOUILLES DE NOTRE-DAME* ET *LA COLÈRE DU LYNX*.

- ★ **TU DÉCIDES DE TE RENDRE À LA CATHÉDRALE NOTRE-DAME-DE-PARIS : VA PAGE 10 ➜**
- ★ **TU PRÉFÈRES ALLER VOIR CE QUI SE PASSE AU ZOO : VA PAGE 8 ➜**

→ LE PARC ZOOLOGIQUE DE PARIS

AU SECOURS ! C'EST LA PANIQUE AU ZOO. LA LYNX EST SORTIE DE SA CAGE. ELLE CHERCHE SON PETIT PARTOUT.

AIDE-LA À LE RETROUVER POUR QU'ELLE ACCEPTE DE RENTRER DANS SA CAGE.

TOUT EST RENTRÉ DANS L'ORDRE ? PARFAIT.
ALORS PAS DE TEMPS À PERDRE, POURSUIS TA MISSION.

★ **LE TAXI GARÉ À LA SORTIE TE CONDUIRA** PAGE 14 ➜

★ **SI TU PRÉFÈRES SUIVRE LE SINGE QUI S'ENFUIT, VA** PAGE 16 ➜

→ LA CATHÉDRALE NOTRE-DAME DE PARIS

LES GARGOUILLES DE NOTRE-DAME SÈMENT LA PAGAILLE !
ELLES ONT PERDU LEURS OMBRES ET COURENT EN TOUS SENS POUR LES RETROUVER.

AIDE-LES : UNE FOIS LEURS OMBRES RETROUVÉES, ELLES REGAGNERONT LES TOITS.

REGARDE LES DEUX CRAPAUDS QUI S'ENFUIENT. CE SONT SÛREMENT DES COMPLICES DE LA SORCIÈRE... LEQUEL VEUX-TU SUIVRE ?

★ **CELUI DE GAUCHE VA PAGE 12 →**

★ **CELUI DE DROITE VA PAGE 16 →**

→ L'OPÉRA GARNIER

CETTE DRÔLE DE BÊTE T'A AMENÉ À L'OPÉRA !
LES MUSICIENS SONT SUR LE POINT DE JOUER, MAIS QUATRE INSTRUMENTS ONT DISPARU.

AIDE-LES À LES RETROUVER.

C'EST BON, TU AS RENDU À CHACUN SON INSTRUMENT ? OUF, LE CONCERT PEUT COMMENCER. À MOINS QUE TOUTES CES BESTIOLES NE PERTURBENT LES MUSICIENS.

★ **SI TU VEUX VOIR OÙ SE RENDENT LES ABEILLES, VA PAGE 24 →**

★ **SI TU VEUX VOIR OÙ FILENT LES PETITS RATS, VA PAGE 22 →**

→ LE LOUVRE

LE CHAUFFEUR T'A DÉPOSÉ AU LOUVRE SANS TE DIRE UN MOT... VISIBLEMENT, LA SORCIÈRE EST AUSSI PASSÉE PAR LÀ : LES PRÉCIEUX VASES DE L'ANTIQUITÉ SONT BRISÉS !

RETROUVE LA PLACE DE CHAQUE MORCEAU ET DEVINE PAR OÙ ELLE EST ENSUITE PASSÉE.

REGARDE BIEN. IL Y A DEUX TRAPPES:
L'UNE EST OUVERTE, L'AUTRE EST FERMÉE.

★ **SI TU CHOISIS DE PASSER PAR LA TRAPPE OUVERTE, VA** **PAGE 18 ➜**

★ **TU PRÉFÈRES ESSAYER CELLE QUI EST FERMÉE ? VA** **PAGE 20 ➜**

→ LA BOUCHE DE MÉTRO

CETTE DRÔLE DE BÊTE T'A AMENÉ JUSQU'À UNE BOUCHE DE MÉTRO...
MAIS ELLE A VITE DÉGUERPI, REGARDE POURQUOI !
LA BOUCHE DE MÉTRO S'EST TRANSFORMÉE EN PLANTE CARNIVORE !

POUR LA RASSASIER, TROUVE TROIS CHOSES À MANGER.

★ SI TU OSES PRENDRE L'ESCALIER PENDANT QU'ELLE EST OCCUPÉE À MANGER, VA PAGE 18 ➔

★ SI CETTE RENCONTRE T'A DONNÉ FAIM, VA AU RESTAURANT, PAGE 22 ➔

→ MÉTRO CONCORDE

**TE VOILÀ DANS LE MÉTRO, STATION CONCORDE.
REGARDE : LES MURS SONT RECOUVERTS DE LETTRES.
UNE PHRASE Y EST DISSIMULÉE.**

RETROUVE-LA ET DÉCHIFFRE LE MESSAGE !

* TU CHOISIS LA DIRECTION ABBESSES ? RENDEZ-VOUS PAGE 30 ➜
* TU PRÉFÈRES PRENDRE LA DIRECTION SOLFÉRINO ? RENDEZ-VOUS PAGE 32 ➜

→ LES CATACOMBES

TU TE TROUVES DANS LES CATACOMBES!
UN VÉRITABLE LABYRINTHE SOUS PARIS.

ESSAIE D'ATTEINDRE UNE DES DEUX SORTIES.

★ SORTIE 1 : VA PAGE 32 ➜

★ SORTIE 2 : VA PAGE 28 ➜

→ LA GRANDE BRASSERIE

TE VOILÀ DANS UN RESTAURANT INFESTÉ PAR LES RATS!

TROUVE LES CINQ RATS CACHÉS DANS LA SALLE.

- ★ POUR TE REMERCIER, LE CHEF TE DONNE UN CONSEIL : VA VOIR CE QUI SE PASSE PAGE 30 ➔
- ★ À MOINS QUE TU FASSES DAVANTAGE CONFIANCE AU JEUNE SERVEUR QUI TE CONSEILLE D'ALLER DU CÔTÉ DE LA PAGE 34 ➔

→ LA ROSERAIE

LES ABEILLES VONT BUTINER LES ROSES, BIEN SÛR ! MAIS... QUE SE PASSE-T-IL ICI ?
LES PROMENEURS SEMBLENT ENDORMIS POUR TOUJOURS !

TROUVE LES DIX ROSES À POIS EMPOISONNÉES ET ILS SE RÉVEILLERONT.

OUF, TU AS SAUVÉ TOUT LE MONDE !

- ★ ENVIE DE MARCHER ? SUIS LE PETIT SENTIER QUI TE MÈNERA PAGE 26 ➔
- ★ ASSEZ PERDU DE TEMPS ? MONTE SUR LE SCOOTER, ON DIRAIT QUE LE CONDUCTEUR T'ATTEND POUR TE CONDUIRE PAGE 34 ➔

→ LE JARDIN D'ACCLIMATATION

LE MANÈGE DU JARDIN D'ACCLIMATATION S'EST TRANSFORMÉ EN VÉRITABLE DRAGON ! LES ENFANTS SONT EFFRAYÉS !

TROUVE UNE ÉPÉE POUR COMBATTRE CE MONSTRE.

SAIN ET SAUF ? CHOISIS TA DIRECTION POUR SORTIR DU JARDIN.

★ [panneau requin] : RENDEZ-VOUS PAGE 42 ➜

★ [panneau dinosaure] : RENDEZ-VOUS PAGE 36 ➜

→ LA CITÉ DES SCIENCES

CE CHEMIN DÉBOUCHE DANS LA SALLE DES JEUX D'EAU DE LA CITÉ DES ENFANTS. ATTENTION ! LES PISTOLETS À EAU ARROSENT TOUT LE MONDE !

TROUVE VITE LE ROBINET POUR COUPER L'EAU.

QU'Y A-T-IL DERRIÈRE CETTE PORTE ?

- ★ SI TU VEUX LE SAVOIR, VA PAGE 40 →
- ★ SI TU PRÉFÈRES ACCOMPAGNER LES ENFANTS, MONTE DANS LE CAR SCOLAIRE QUI T'EMMÈNERA PAGE 26 →

→ LA PLACE DU TERTRE

APRÈS AVOIR GRAVI DE NOMBREUSES MARCHES, TU ARRIVES PLACE DU TERTRE.
DES DIZAINES D'ARTISTES PROPOSENT DE FAIRE TON PORTRAIT.
MAIS UN TOURISTE, QUI A PERDU LE SIEN, T'INTERPELLE.

AIDE-LE À LE RETROUVER PARMI TOUS CES TABLEAUX.

OÙ ALLER MAINTENANT ? PAS FACILE DE SE REPÉRER DANS MONTMARTRE...

★ **TU CHOISIS DE SUIVRE LE PEINTRE AU BÉRET : VA** **PAGE 38 →**

★ **TU PRÉFÈRES SUIVRE LE GROUPE DE TOURISTES : VA** **PAGE 44 →**

→ LE MUSÉE D'ORSAY

TE VOILÀ AU MUSÉE D'ORSAY ! ICI, C'EST LA PANIQUE. LE GARDIEN VIENT DE S'APERCEVOIR QUE DEUX TABLEAUX SEMBLABLES SONT INSTALLÉS L'UN À CÔTÉ DE L'AUTRE.

TROUVE LES SEPT DIFFÉRENCES ENTRE LES DEUX TABLEAUX.

AFIN DE TE REMERCIER, LE CONSERVATEUR DU MUSÉE T'OFFRE DES BILLETS POUR L'AQUARIUM DE PARIS.

★ **RENDEZ-VOUS PAGE 42 ➜**

★ **À MOINS QUE TU NE PRÉFÈRES SUIVRE LES DRÔLES DE FLÈCHES DESSINÉES SUR LE SOL ? ELLES TE CONDUISENT PAGE 44 ➜**

→ LA GRANDE GALERIE DE L'ÉVOLUTION

AS-TU EU RAISON DE LUI FAIRE CONFIANCE ?
CERTAINS ANIMAUX DE LA GRANDE GALERIE SONT DEVENUS DES MONSTRES !

POUR LES CALMER, RÉUNIS LES DEUX MOITIÉS DE CHAQUE ANIMAL.

ENVIE DE POURSUIVRE À PIED ?

- REMONTE L'ALLÉE DU JARDIN DES PLANTES, ELLE TE CONDUIRA PAGE 36 →
- TU PRÉFÈRES SAUTER SUR UN VÉLO POUR T'ÉLOIGNER VITE D'ICI ? RENDEZ-VOUS PAGE 32 →

→ LES GALERIES D'ANATOMIE COMPARÉE ET DE PALÉONTOLOGIE

MAUVAIS CHOIX ! LES SQUELETTES DE DINOSAURES DU JARDIN DES PLANTES ONT PRIS VIE.

SORS VITE DE LÀ, MAIS D'ABORD, TROUVE LA CLÉ POUR BIEN REFERMER LA PORTE DERRIÈRE TOI.

ÇA Y EST ? TU AS BIEN FERMÉ LA PORTE ? OUF... TE VOILÀ SAUVÉ.
MAIS TU CONSTATES QUE CETTE ROUTE NE T'A MENÉ À RIEN.

★ **RETOURNE PAGE 6 POUR ESSAYER UN NOUVEL ITINÉRAIRE.** ➜

38 → LE CENTRE GEORGES-POMPIDOU

IL T'A CONDUIT JUSQU'AU CENTRE GEORGES-POMPIDOU ! TU IRAIS BIEN VISITER L'EXPOSITION AU DERNIER ÉTAGE, MAIS LES ESCALATORS SONT DEVENUS FOUS, C'EST UNE VRAIE PARTIE DE RODÉO !

TROUVE VITE LE BOUTON D'ARRÊT D'URGENCE !

ÇA Y EST, TU AS TROUVÉ ? BRAVO ! LES VISITEURS T'EN SONT RECONNAISSANTS. HÉLAS, PERSONNE NE PEUT T'AIDER ET TU NE SAIS PLUS OÙ ALLER.

★ **TU VEUX UN CONSEIL ?**
RETOURNE PAGE 6 ET TENTE UN NOUVEAU CHEMIN. ➜

→ LE DUEL

TU AS DÉCOUVERT LA CACHETTE DE LA SORCIÈRE QUI A ENSORCELÉ PARIS ! MAIS CE N'EST PAS FINI.

POUR LUI FAIRE PERDRE TOUS SES POUVOIRS, TU DOIS T'EMPARER DE SA BAGUETTE MAGIQUE.

OÙ EST-ELLE ? TU NE L'AS PAS TROUVÉE ? AIDE-TOI DES INDICES.

★ **INDICE 1 : LA SORCIÈRE NE SE SÉPARE JAMAIS DE SA BAGUETTE MAGIQUE.**

★ **INDICE 2 : LA BAGUETTE MAGIQUE EST COULEUR PIERRE.**

→ L'AQUARIUM DE PARIS

TE VOILÀ À L'AQUARIUM, EN TRAIN DE CONTEMPLER UN MAGNIFIQUE BASSIN. MAIS... UN DES POISSONS N'A RIEN À FAIRE LÀ, NON ?

COMPARE AVEC LE PANNEAU D'INFORMATION POUR TROUVER L'INTRUS, ET PRÉVIENS LE GARDIEN.

OÙ ALLER MAINTENANT ? LE GARDIEN N'EST D'AUCUN CONSEIL.

★ **UN PEU PERDU, TU DÉCIDES DE RETOURNER À LA BIBLIOTHÈQUE NATIONALE, PAGE 6, ET DE REPARTIR À ZÉRO. ➜**

→ LA TOUR EIFFEL

CETTE PISTE TE CONDUIT JUSQU'À LA TOUR EIFFEL. TU ES CONTENT DE POUVOIR L'ADMIRER DE PRÈS, MAIS... IMPOSSIBLE D'Y ACCÉDER! LA SORCIÈRE L'A ENFERMÉE DANS UNE BOULE À NEIGE GÉANTE.

TROUVE UN MARTEAU POUR BRISER LA BOULE À NEIGE, ET TOUT PARIS T'EN SERA RECONNAISSANT!

HEUREUSEMENT QUE TU ÉTAIS LÀ.
MALHEUREUSEMENT, IL N'Y A AUCUN INDICE POUR TE MONTRER LA VOIE.

★ **TU DÉCIDES DE RETOURNER PAGE 6 ET DE PRENDRE UN NOUVEAU CHEMIN.** ➜

SOLUTIONS

6-7

8-9

10-11

12-13

14-15

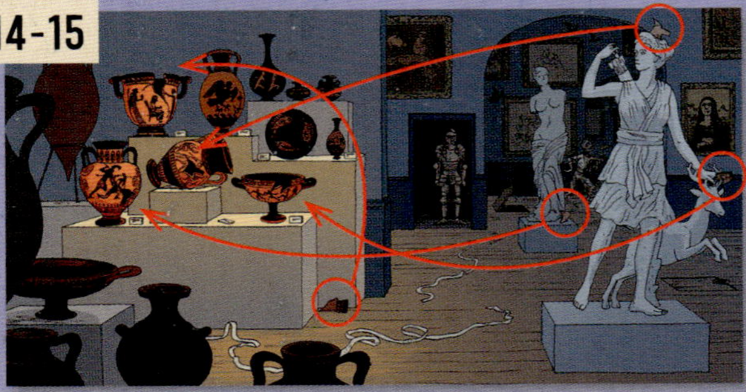

16-17

18-19

MONTE DANS LE MÉTRO MAIS NE TE TROMPE PAS DE SENS.

20-21

22-23

24-25